Von der Macht des Gemüts, durch den bloßen Vorsatz seiner krankhaften Gefühle Meister zu sein

Immanuel Kant

(Editor: Christoph Wilhelm Hufcland)

Alpha Editions

This edition published in 2022

ISBN : 9789356704473

Design and Setting By
Alpha Editions
www.alphaedis.com
Email - info@alphaedis.com

Von der Macht des Gemüts, durch den bloßen Vorsatz seiner krankhaften Gefühle Meister zu sein.

Von Immanuel Kant.

Der Geist allein lebt – Das Leben des Geistes allein ist wahres Leben.

Das Leben des Leibes muß jenem immer untergeordnet und von ihm beherrscht werden, nicht umgekehrt der Geist sich den Launen, Stimmungen und Trieben des Körpers unterordnen, wenn das wahre Leben erhalten werden soll.

Diese große Wahrheit wurde von jeher von den Weisesten dieser Welt als der Grundpfeiler aller Sittlichkeit, aller Tugend, aller Religion, genug alles dessen, was groß und göttlich ist im Menschen, und sonach auch aller wahren Glückseligkeit, betrachtet und gepredigt.

Sie kann aber nicht oft genug wiederholt werden, da es dem natürlichen Menschen immer näher liegt und bequemer ist, leiblich zu leben als geistig, noch mehr, wenn, wie in den neuesten Zeiten geschehen, selbst die Philosophie, sonst die Trägerin des geistigen Lebens, in dem Identitätssystem den Unterschied zwischen Geist und Körper ganz aufhebt, und sowohl Philosophen als Ärzte die Abhängigkeit des Geistes von dem Körper dergestalt in Schutz nehmen, daß sie selbst alle Verbrechen damit entschuldigen, Unfreiheit der Seele als ihre Quelle darstellen, und es bald dahin gekommen sein wird, daß man gar nichts mehr Verbrechen nennen kann.

Aber wohin führt diese Ansicht? – Ist sie nicht geradezu göttlichen und menschlichen Gesetzen entgegen, die ja auf jene Grundlage gebaut sind? – Führt sie nicht zum gröbsten Materialismus? Vernichtet sie nicht alle Moralität, alle Kraft der Tugend, die eben in dem Leben der Idee und ihrer Herrschaft über das Leibliche besteht? – Und somit alle wahre Freiheit, Selbständigkeit, Selbstbeherrschung, Selbstaufopferung, genug das Höchste, was der Mensch erreichen kann: den Sieg über sich selbst?

Ewig wahr bleibt das Sinnbild, den Menschen als den Reiter eines wilden Pferdes sich zu denken; einen vernünftigen Geist mit einem Tiere vereinigt, das ihn tragen und mit der Erde verbinden, aber von ihm nun wiederum geleitet und regiert werden soll. – Es zeigt die Aufgabe seines ganzen Lebens. Besteht sie nicht darin, diese Tierheit in ihm zu bekämpfen und der höheren Macht unterzuordnen? Nur dadurch, daß er sich dies Tier unterwirft und sich möglichst unabhängig davon macht, wird sein Leben regelmäßig, vernünftig, sittlich und so nur wahrhaft glücklich. Läßt er dem Tier die Oberhand, so geht es mit ihm durch, und er wird ein Spiel seiner Launen und Sprünge – bis zum tödlichen Sturze.

Aber nicht bloß für das höhere geistige Leben und dessen Gesundheit bedarf es dieser physischen Selbstbeherrschung, sondern sie dient ebensosehr zur Erhaltung und Vervollkommnung des physischen Lebens und dessen Gesundheit und wird dadurch eins der wichtigsten Diät- und Heilmittel.

Wir wollen keineswegs den Einfluß des Leiblichen auf das Geistige leugnen. Aber ebenso auffallend, ja noch größer ist die psychische Macht des Geistes über das Leibliche. Sie kann Krankheiten erregen und heilen. Ja sie kann töten und lebendig machen. Sehen wir nicht sehr häufig durch Schrecken und andere Leidenschaften, also durch geistigen Einfluß, Epilepsie, Ohnmachten, Lähmungen, Blutflüsse und eine Menge andere Krankheiten, ja den Tod selbst, entstehen? – Und woran stirbt ein solcher Mensch? Lediglich an einer gewaltsamen, dem Blitzstrahl ähnlichen, Einwirkung des Geistes in den Körper. – Wie oft sind nicht die schwersten Krankheiten durch nichts anders geheilt worden, als durch Freude, Erhebung und Erweckung des Geistes! Der lange an der Zunge gelähmte Sohn des Krösus bekommt die Sprache wieder, als man seinen Vater ermorden will. Pinel sah, daß bei der allgemeinen leidenschaftlichen Aufregung, die die französische Revolution hervorbrachte, eine Menge seit Jahren kränklicher und schwächlicher Menschen gesund und stark wurden und besonders die gewöhnlichen Nervenübel der vornehmen und müßigen Stände ganz verschwanden. – Ja, ich sage nicht zu viel, wenn ich behaupte, daß der größte Teil unsrer langwierigen Nervenkrankheiten und sogenannten Krämpfe gar nichts anders ist, als Trägheit und Passivität des Geistes, die Folge des schlaffen Hingebens an körperliche Gefühle und Einflüsse.

Wer kann leugnen, daß es Wunder und Wunderheilungen gibt? – Aber was sind sie anders als Wirkungen des festen Glaubens entweder an himmlische Kräfte, oder auch an irdische und folglich Wirkungen des Geistes?

Jedermann kennt die Kraft der Imagination. Niemand zweifelt daran, daß es eingebildete Krankheiten gibt, und daß eine Menge Menschen an nichts anders krank sind, als an der Krankheitseinbildung. Ist es nun aber nicht ebensogut möglich und unendlich besser, sich einzubilden, gesund zu sein? Und wird man nicht dadurch ebensogut seine Gesundheit stärken und erhalten können, als durch das Gegenteil die Krankheit?

Als ein Beitrag zu dieser wichtigen Lehre und als Beförderungsmittel der Herrschaft und Heilkraft des Geistes über den Körper, mögen auch folgende Worte Kants, die letzten, die dieser große Geist zu uns gesprochen, dienen. Er schrieb sie auf meine Veranlassung vor 30 Jahren, wo sie in meinem Journal der prakt. Heilkunde abgedruckt wurden, und gern habe ich der Aufforderung des Herrn Verlegers zu einem neuen besondern Abdrucke gewillfahret und sie mit einigen Bemerkungen versehen. Mögen sie ihren Zweck erreichen!

Berlin im Mai 1824.

C. W. Hufeland.

Von der Macht des Gemüts,
durch den bloßen Vorsatz seiner krankhaften Gefühle Meister zu sein.

Ein Schreiben an Herrn Professor Hufeland zu Jena im Jahr 1797(1).

Daß meine Danksagung, für das den 12. Dez. 1796 an mich bestellte Geschenk, Ihres lehrreichen und angenehmen Buchs »von der Kunst das menschliche Leben zu verlängern« selbst auf ein langes Leben berechnet gewesen sein dürfte, möchten Sie vielleicht aus dem Datum dieser meiner Antwort vom Januar dieses Jahres zu schließen Ursache haben; wenn das Altgewordensein nicht schon die öftere Vertagung (*procrastinatio*) wichtiger Beschlüsse bei sich führete, dergleichen doch wohl der des Todes ist, welcher sich immer zu früh für uns anmeldet, und den man warten zu lassen an Ausreden unerschöpflich ist.

Sie verlangen von mir »ein Urteil über Ihr Bestreben das Physische im Menschen moralisch zu behandeln; den ganzen, auch physischen, Menschen als ein auf Moralität berechnetes Wesen darzustellen, und die moralische Kultur als unentbehrlich zur physischen Vollendung der überall nur in der Anlage vorhandenen Menschennatur zu zeigen«, und setzen hinzu: »wenigstens kann ich versichern, daß es keine vorgefaßte Meinungen waren, sondern ich durch die Arbeit und Untersuchung selbst unwiderstehlich in diese Behandlungsart hineingezogen wurde«. – Eine solche Ansicht der Sache verrät den Philosophen, nicht den bloßen Vernunftkünstler; einen Mann, der nicht allein, gleich einem der Direktoren des französischen Konvents, die von der Vernunft verordneten Mittel der Ausführung (technisch), wie sie die Erfahrung darbietet, zu seiner Heilkunde mit Geschicklichkeit, sondern, als gesetzgebendes Glied im Korps der Ärzte, aus der reinen Vernunft hernimmt, welche zu dem, was hilft, mit Geschicklichkeit, auch das, was zugleich an sich Pflicht ist, mit Weisheit zu verordnen weiß: so, daß moralisch-praktische Philosophie zugleich eine Universalmedizin abgibt, die zwar nicht allen für alles hilft, aber doch in keinem Rezepte mangeln kann.

Dieses Universalmittel betrifft aber nur die Diätetik, d. i. es wirkt nur negativ, als Kunst, Krankheiten abzuhalten. Dergleichen Kunst aber setzt ein Vermögen voraus, das nur Philosophie, oder der Geist derselben, den man schlechthin voraussetzen muß, geben kann. Auf diesen bezieht sich die oberste diätetische Aufgabe, welche in dem Thema enthalten ist:

Von der Macht des Gemüts des Menschen, über seine krankhafte Gefühle durch den bloßen festen Vorsatz Meister zu sein.

Die, die Möglichkeit dieses Ausspruchs bestätigenden, Beispiele kann ich nicht von der Erfahrung anderer hernehmen, sondern zuerst nur von der an mir selbst angestellten; weil sie aus dem Selbstbewußtsein hervorgeht, und sich nachher allererst andere fragen läßt: ob es nicht auch sie ebenso in sich wahrnehmen. – Ich sehe mich also genötigt, mein Ich laut werden zu lassen; was im dogmatischen Vortrage(2) Unbescheidenheit verrät; aber Verzeihung verdient, wenn es nicht gemeine Erfahrung, sondern ein inneres Experiment oder Beobachtung betrifft, welche ich zuerst an mir selbst angestellt haben muß, um etwas, was nicht jedermann von selbst, und ohne darauf geführt zu sein, beifällt, zu seiner Beurteilung vorzulegen. – Es würde tadelhafte Anmaßung sein, andere mit der inneren Geschichte meines Gedankenspiels unterhalten zu wollen, welche zwar subjektive Wichtigkeit (für mich) aber keine objektive (für jedermann geltende) enthielten. Wenn aber dieses Aufmerken auf sich selbst und die daraus hervorgehende Wahrnehmung nicht so gemein ist, sondern, daß jeder dazu aufgefordert werde, eine Sache ist, die es bedarf und verdient, so kann dieser Übelstand mit seinen Privatempfindungen andere zu unterhalten wenigstens verziehen werden.

Ehe ich nun mit dem Resultat meiner, in Absicht auf Diätetik angestellten, Selbstbeobachtung aufzutreten wage, muß ich noch etwas über die Art bemerken, wie Herr Hufeland die Aufgabe der Diätetik, d. i. der Kunst stellt, Krankheiten vorzubeugen, im Gegensatz mit der Therapeutik, sie zu heilen.

Sie heißt ihm »die Kunst das menschliche Leben zu verlängern«.

Er nimmt seine Benennung von demjenigen her, was die Menschen am sehnsüchtigsten wünschen, ob es gleich vielleicht weniger wünschenswert sein dürfte. Sie möchten zwar gern zwei Wünsche zugleich thun: nämlich lange zu leben und dabei gesund zu sein; aber der erstere Wunsch hat den letzteren nicht zur notwendigen Bedingung: sondern er ist unbedingt. Laßt den Hospitalkranken jahrelang auf seinem Lager leiden und darben und ihn oft wünschen hören, daß ihn der Tod je eher je lieber von dieser Plage erlösen möge; glaubt ihm nicht, es ist nicht sein Ernst. Seine Vernunft sagt es ihm zwar vor, aber der Naturinstinkt will es anders. Wenn er dem Tode, als seinem Befreier (*Jovi liberatori*), winkt, so verlangt er doch immer noch eine kleine Frist und hat immer irgend einen Vorwand zur Vertagung (*procrastinatio*) seines peremtorischen Dekrets. Der in wilder Entrüstung gefaßte Entschluß des Selbstmörders, seinem Leben ein Ende zu machen, macht hievon keine Ausnahme: denn er ist die Wirkung eines bis zum Wahnsinn exaltierten Affekts. – Unter den zwei Verheißungen für die Befolgung der Kindespflicht – »auf daß dir es wohlgehe und du lange lebest auf Erden« – enthält die letztere die stärkere Triebfeder, selbst im Urteile der Vernunft, nämlich als Pflicht, deren Beobachtung zugleich verdienstlich ist.

Die Pflicht das Alter zu ehren gründet sich nämlich eigentlich nicht auf die billige Schonung, die man den Jüngeren gegen die Schwachheit der Alten zumutet: denn die ist kein Grund zu einer ihnen schuldigen Achtung. Das Alter will also noch für etwas Verdienstliches angesehen werden; weil ihm eine Verehrung zugestanden wird. Also, nicht etwa weil Nestorjahre zugleich durch viele und lange Erfahrung erworbene Weisheit, zu Leitung der jüngeren Welt, bei sich führen, sondern bloß weil, wenn nur keine Schande dasselbe befleckt hat, der Mann, welcher sich so lange erhalten hat, d. i. der Sterblichkeit, als dem demütigendsten Ausspruch, der über ein vernünftiges Wesen nur gefällt werden kann – »du bist Erde und sollst zur Erde werden« – so lange hat ausweichen und gleichsam der Unsterblichkeit hat abgewinnen können, weil, sage ich, ein solcher Mann sich so lange lebend erhalten und zum Beispiel aufgestellt hat.

Mit der Gesundheit, als dem zweiten natürlichen Wunsche, ist es dagegen nur mißlich bewandt. Man kann sich gesund fühlen (aus dem behaglichen Gefühl seines Lebens urteilen), nie aber wissen, daß man gesund sei. – Jede Ursache des natürlichen Todes ist Krankheit: man mag sie fühlen oder nicht. – Es gibt viele, von denen, ohne sie eben verspotten zu wollen, man sagt, daß sie für immer kränkeln, nie krank werden können; deren Diät ein immer wechselndes Abschweifen und wieder Einbeugen ihrer Lebensweise ist, und die es im Leben, wenngleich nicht den Kraftäußerungen, doch der Länge nach, weit bringen. Wie viel aber meiner Freunde oder Bekannten habe ich nicht überlebt, die sich bei einer einmal angenommenen ordentlichen Lebensart einer völligen Gesundheit rühmten: indessen daß der Keim des Todes (die Krankheit) der Entwickelung nahe, unbemerkt in ihnen lag, und der, welcher sich gesund fühlte, nicht wußte, daß er krank war; denn die Ursache eines natürlichen Todes kann man doch nicht anders als Krankheit nennen. Die Kausalität aber kann man nicht fühlen, dazu gehört Verstand, dessen Urteil irrig sein kann, indessen daß das Gefühl untrüglich ist, aber nur dann, wenn man sich krankhaft fühlt, diesen Namen führt; fühlt man sich aber so auch nicht, doch gleichwohl in dem Menschen verborgenerweise und zur baldigen Entwickelung bereit liegen kann; daher der Mangel dieses

Gefühls keinen andern Ausdruck des Menschen für sein Wohlbefinden verstattet, als daß er scheinbarlich gesund sei. Das lange Leben also, wenn man dahin zurücksieht, kann nur die genossene Gesundheit bezeugen, und die Diätetik wird vor allem in der Kunst das Leben zu verlängern (nicht es zu genießen) ihre Geschicklichkeit oder Wissenschaft zu beweisen haben: wie es auch Herr Hufeland so ausgedrückt haben will.

Grundsatz der Diätetik.

Auf Gemächlichkeit muß die Diätetik nicht berechnet werden; denn diese Schonung seiner Kräfte und Gefühle ist Verzärtelung, d. i. sie hat Schwäche und Kraftlosigkeit zur Folge und ein allmähliches Erlöschen der Lebenskraft, aus Mangel der Übung; sowie eine Erschöpfung derselben durch zu häufigen und starken Gebrauch derselben. Der Stoizismus, als Prinzip der Diätetik (*sustine et abstine*), gehört also nicht bloß zur praktischen Philosophie als Tugendlehre, sondern auch zu ihr als Heilkunde. Diese ist alsdann philosophisch, wenn bloß die Macht der Vernunft im Menschen, über seine sinnlichen Gefühle durch einen sich selbst gegebenen Grundsatz Meister zu sein, die Lebensweise bestimmt. Dagegen, wenn sie diese Empfindungen zu erregen oder abzuwehren die Hilfe außer sich in körperlichen Mitteln (der Apotheke, oder der Chirurgie) sucht, sie bloß empirisch und mechanisch ist.

Die Wärme, der Schlaf, die sorgfältige Pflege des nicht Kranken sind solche Verwöhnungen der Gemächlichkeit.

1) Ich kann, der Erfahrung an mir selbst gemäß, der Vorschrift nicht beistimmen: »man soll Kopf und Füße warm halten«(3). Ich finde es dagegen geratener beide kalt zu halten (wozu die Russen auch die Brust zählen); gerade der Sorgfalt wegen, um mich nicht zu verkälten. – Es ist freilich gemächlicher im laulichen Wasser sich die Füße zu waschen, als es zur Winterszeit mit beinahe eiskaltem zu thun; dafür aber entgeht man dem Übel der Erschlaffung der Blutgefäße in so weit vom Herzen entlegenen Teilen, welches im Alter oft eine nicht mehr zu hebende Krankheit der Füße nach sich zieht. – Den Bauch, vornehmlich bei kalter Witterung, warm zu halten, möchte eher zur diätetischen Vorschrift statt der Gemächlichkeit gehören; weil er Gedärme in sich schließt, die einen langen Gang hindurch einen nicht flüssigen Stoff forttreiben sollen, wozu der sogenannte Schmachtriemen (ein breites, den Unterleib haltendes und die Muskeln desselben unterstützendes Band) bei Alten, aber eigentlich nicht der Wärme wegen, gehört.

2) Lange oder (wiederholentlich, durch Mittagsruhe) viel schlafen ist freilich ebensoviel Ersparnis am Ungemache, was überhaupt das Leben im Wachen unvermeidlich bei sich führt, und es ist wunderlich genug sich ein langes Leben zu wünschen, um es größtenteils zu verschlafen. Aber das, worauf es hier eigentlich ankömmt, dieses vermeinte Mittel des langen

Lebens, die Gemächlichkeit, widerspricht sich in seiner Absicht selbst. Denn das wechselnde Erwachen und wieder Einschlummern in langen Winternächten ist für das ganze Nervensystem lähmend, zermalmend und in täuschender Ruhe krafterschöpfend: mithin die Gemächlichkeit hier eine Ursache der Verkürzung des Lebens. – Das Bett ist das Nest einer Menge von Krankheiten.

3) Im Alter sich zu pflegen oder pflegen zu lassen, bloß um seine Kräfte, durch die Vermeidung der Ungemächlichkeit (z. B. des Ausgehens in schlimmem Wetter) oder überhaupt die Übertragung der Arbeit an andere, die man selbst verrichten könnte, zu schonen, so aber das Leben zu verlängern, diese Sorgfalt bewirkt gerade das Widerspiel, nämlich das frühe Altwerden und Verkürzung des Lebens. – – Auch daß sehr alt gewordene mehrenteils verehelichte(4) Personen gewesen wären, möchte schwer zu beweisen sein(5). – In einigen Familien ist das Altwerden erblich, und die Paarung in einer solchen kann wohl einen Familienschlag dieser Art begründen. Es ist auch kein übles politisches Prinzip zu Beförderung der Ehen, das gepaarte Leben als ein langes Leben anzupreisen; obgleich die Erfahrung immer verhältnisweise nur wenig Beispiele davon an die Hand gibt, von solchen, die nebeneinander vorzüglich alt geworden sind; aber die Frage ist hier nur vom physiologischen Grunde des Altwerdens, – wie es die Natur verfügt, nicht vom politischen, wie die Konvenienz des Staats die öffentliche Meinung seiner Absicht gemäß gestimmt zu sein verlangt.

Übrigens ist das Philosophieren, ohne darum eben Philosoph zu sein, auch ein Mittel der Abwehrung mancher unangenehmer Gefühle, und doch zugleich Agitation des Gemüts, welches in seine Beschäftigung ein Interesse bringt, das von äußern Zufälligkeiten unabhängig und ebendarum, obgleich nur als Spiel, dennoch kräftig und inniglich ist und die Lebenskraft nicht stocken läßt. Dagegen Philosophie, die ihr Interesse am Ganzen des Endzwecks der Vernunft – der eine absolute Einheit ist – hat, ein Gefühl der Kraft bei sich führt, welches die körperlichen Schwächen des Alters in gewissem Maße durch vernünftige Schätzung des Werts des Lebens wohl vergüten kann. – Aber neu sich eröffnende Aussichten zur Erweiterung seiner Erkenntnisse, wenn sie auch gerade nicht zur Philosophie gehörten, leisten doch auch ebendasselbe, oder etwas dem Ähnliches; und, sofern der Mathematiker hieran ein unmittelbares Interesse (nicht als an einem Werkzeuge zu anderer Absicht) nimmt, so ist er insofern auch Philosoph und genießt die Wohlthätigkeit einer solchen Erregungsart seiner Kräfte in einem verjüngten und ohne Erschöpfung verlängerten Leben.

Aber auch bloße Tändeleien in einem sorgenfreien Zustande leisten, als Surrogate, bei eingeschränkten Köpfen fast ebendasselbe, und, die mit Nichtsthun immer vollauf zu thun haben, werden gemeiniglich auch alt. – Ein sehr bejahrter Mann fand dabei ein großes Interesse, daß die vielen

Stutzuhren in seinem Zimmer immer nacheinander, keine mit der andern zugleich, schlagen mußten; welches ihn und den Uhrmacher den Tag über genug beschäftigte, und dem letztern zu verdienen gab. Ein anderer fand in der Abfütterung und Kur seiner Sangvögel hinreichende Beschäftigung, um die Zeit zwischen seiner eigenen Abfütterung und dem Schlaf auszufüllen. Eine alte begüterte Frau fand diese Ausfüllung am Spinnrade, unter dabei eingemischten unbedeutenden Gesprächen, und klagte daher in ihrem sehr hohen Alter, gleich als über den Verlust einer guten Gesellschaft, daß, da sie nunmehr den Faden zwischen den Fingern nicht mehr fühlen konnte, sie für Langerweile zu sterben Gefahr liefe.

Doch, damit mein Diskurs über das lange Leben Ihnen nicht auch Langeweile mache und ebendadurch gefährlich werde, will ich der Sprachseligkeit, die man als einen Fehler des Alters zu belächeln, wenngleich nicht zu schelten pflegt, hiemit Grenzen setzen.

Von der Hypochondrie.

Die Schwäche, sich seinen krankhaften Gefühlen überhaupt, ohne ein bestimmtes Objekt, mutlos zu überlassen – mithin ohne den Versuch zu machen, über sie durch die Vernunft Meister zu werden – die Grillenkrankheit (*hypochondria vaga*(6)), welche gar keinen bestimmten Sitz im Körper hat und ein Geschöpf der Einbildungskraft ist und daher auch die dichtende heißen könnte – wo der Patient alle Krankheiten, von denen er in Büchern liest, an sich zu bemerken glaubt, – ist das gerade Widerspiel jenes Vermögens des Gemüts über seine krankhaften Gefühle Meister zu sein, nämlich Verzagtheit, über Übel, welche Menschen zustoßen könnten, zu brüten, ohne, wenn sie kämen, ihnen widerstehen zu können; eine Art von Wahnsinn, welchem freilich wohl irgend ein Krankheitsstoff (Blähung oder Verstopfung) zum Grunde liegen mag, der aber nicht unmittelbar, wie er den Sinn affiziert, gefühlt, sondern als bevorstehendes Übel von der dichtenden Einbildungskraft vorgespiegelt wird; wo dann der Selbstquäler (*Heautontimorumenos*), statt sich selbst zu ermannen, vergeblich die Hilfe des Arztes aufruft; weil nur er selbst, durch die Diätetik seines Gedankenspiels, belästigende Vorstellungen, die sich unwillkührlich einfinden, und zwar von Übeln, wider die sich doch nichts veranstalten ließe, wenn sie sich wirklich einstellten, aufheben kann. – Von dem, der mit dieser Krankheit behaftet, und solange er es ist, kann man nicht verlangen, er solle seiner krankhaften Gefühle durch den bloßen Vorsatz Meister werden. Denn, wenn er dieses könnte, so wäre er nicht hypochondrisch. Ein vernünftiger Mensch statuiert keine solche Hypochondrie: sondern, wenn ihm Beängstigungen anwandeln, die in Grillen, d. i. selbst ausgedachte Übel, ausschlagen wollen, so fragt er sich, ob ein Objekt derselben da sei. Findet er keines, welches gegründete Ursache zu dieser Beängstigung abgeben kann, oder sieht er ein, daß, wenn auch gleich ein solches wirklich wäre, doch dabei nichts zu thun möglich sei, um seine Wirkung abzuwenden, so geht er mit diesem Anspruche seines inneren Gefühls zur Tagesordnung, d. i. er läßt seine Beklommenheit (welche alsdann bloß topisch ist) an ihrer Stelle liegen (als ob sie ihn nichts anginge) und richtet seine Aufmerksamkeit auf die Geschäfte, mit denen er zu thun hat.

Ich habe wegen meiner flachen und engen Brust, die für die Bewegung des Herzens und der Lunge wenig Spielraum läßt, eine natürliche Anlage zur Hypochondrie, welche in früheren Jahren bis an den Überdruß des Lebens grenzte. Aber die Überlegung, daß die Ursache dieser Herzbeklemmung vielleicht bloß mechanisch und nicht zu heben sei, brachte es bald dahin, daß ich mich an sie gar nicht kehrte, und während dessen, daß ich mich in der Brust beklommen fühlte, im Kopfe doch Ruhe und Heiterkeit herrschte, die sich auch in der Gesellschaft, nicht nach abwechselnden Launen (wie Hypochondrische pflegen), sondern absichtlich und natürlich mitzuteilen nicht ermangelte. Und da man des Lebens mehr froh wird durch das, was man im freien Gebrauch desselben thut, als was man genießt, so können Geistesarbeiten eine andere Art von befördertem Lebensgefühl den Hemmungen entgegensetzen, welche bloß den Körper angehen. Die Beklemmung ist mir geblieben; denn ihre Ursache liegt in meinem körperlichen Bau. Aber über ihren Einfluß auf meine Gedanken und Handlungen bin ich Meister geworden, durch Abkehrung der Aufmerksamkeit von diesem Gefühle, als ob es mich gar nicht anginge(7).

Vom Schlafe.

Was die Türken, nach ihren Grundsätzen der Prädestination, über die Mäßigkeit sagen: daß nämlich im Anfange der Welt jedem Menschen die Portion zugemessen worden, wieviel er im Leben zu essen haben werde, und, wenn er sein beschieden Teil in großen Portionen verzehrt, er auf eine desto kürzere Zeit zu essen, mithin zu sein, sich Rechnung machen könne: das kann in einer Diätetik, als Kinderlehre – denn im Genießen müssen auch Männer von Ärzten oft als Kinder behandelt werden, – auch zur Regel dienen: nämlich daß jedem Menschen von Anbeginn her vom Verhängnisse seine Portion Schlaf zugemessen worden, und der, welcher von seiner Lebenszeit in Mannsjahren zu viel (über das Dritteil) dem Schlafen eingeräumt hat, sich nicht eine lange Zeit zu schlafen, d. i. zu leben und alt zu werden, versprechen darf. – Wer dem Schlaf als süßen Genuß im Schlummern (der Siesta der Spanier) oder als Zeitkürzung (in langen Winternächten) viel mehr als ein Dritteil seiner Lebenszeit einräumt, oder ihm sich auch teilweise (mit Absätzen), nicht in einem Stück, für jeden Tag zumißt, verrechnet sich sehr in Ansehung seines Lebensquantum, teils dem Grade, teils der Länge nach. – Da nun schwerlich ein Mensch wünschen wird, daß der Schlaf überhaupt gar nicht Bedürfnis für ihn wäre, – woraus doch wohl erhellet, daß er das lange Leben als eine lange Plage fühlt; von dem, so viel er verschlafen, ebensoviel Mühseligkeit zu tragen er sich ersparet hat – so ist es geratener, fürs Gefühl sowohl als für die Vernunft, dieses genuß- und thatleere Drittel ganz auf eine Seite zu bringen und es der unentbehrlichen Naturrestauration zu überlassen: doch mit einer genauen Abgemessenheit der Zeit, von wo an und wie lange sie dauern soll(8).

Es gehört unter die krankhaften Gefühle zu der bestimmten und gewohnten Zeit nicht schlafen, oder auch sich nicht wach halten zu können; vornehmlich aber das erstere; in dieser Absicht sich zu Bette zu legen und doch schlaflos zu liegen. – Sich alle Gedanken aus dem Kopf zu schlagen ist zwar der gewöhnliche Rat, den der Arzt gibt; aber sie, oder andere an ihre Stelle, kommen wieder und erhalten wach. Es ist kein anderer diätetischer Rat, als beim inneren Wahrnehmen oder Bewußtwerden irgend eines sich regenden Gedanken, die Aufmerksamkeit davon sofort abzuwenden (gleich als ob man mit geschlossenen Augen diese auf eine andere Seite kehrte): wo dann durch das Abbrechen jedes Gedanken, den man inne wird, allmählich eine Verwirrung der Vorstellungen entspringt, dadurch das Bewußtsein seiner körperlichen (äußern) Lage aufgehoben wird, und eine ganz verschiedene Ordnung, nämlich ein unwillkürliches Spiel der Einbildungskraft (das im gesunden Zustande der Traum ist) eintritt, in welchem, durch ein bewundernswürdiges Kunststück der tierischen Organisation, der Körper für die animalischen Bewegungen abgespannt, für die Vitalbewegung aber innigst agitiert wird und zwar durch Träume, die, wenn wir uns gleich derselben im Erwachen nicht erinnern, gleichwohl nicht haben ausbleiben können: weil sonst bei gänzlicher Ermangelung derselben, wenn die Nervenkraft, die vom Gehirn, dem Sitze der Vorstellungen, ausgeht, nicht mit der Muskelkraft der Eingeweide vereinigt wirkte, das Leben sich nicht einen Augenblick erhalten könnte. Daher träumen vermutlich alle Tiere, wenn sie schlafen.

Jedermann aber, der sich zu Bette und in Bereitschaft zu schlafen gelegt hat, wird bisweilen, bei aller obgedachten Ablenkung seiner Gedanken, doch nicht zum Einschlafen kommen können. In diesem Fall wird er im Gehirn etwas Spastisches (Krampfartiges) fühlen, welches auch mit der Beobachtung gut zusammenhängt: daß ein Mensch gleich nach dem Erwachen etwa ½ Zoll länger sei, als wenn er sogar im Bette geblieben und dabei nur gewacht hätte. – Da Schlaflosigkeit ein Fehler des schwächlichen Alters und die linke Seite überhaupt genommen die schwächere ist(9), so fühlte ich seit etwa einem Jahre diese krampfichte Anwandelungen und sehr empfindliche Reize dieser Art (obzwar nicht wirkliche und sichtbare Bewegungen der darauf affizierten Gliedmaßen als Krämpfe), die ich nach der Beschreibung anderer für gichtische Zufälle halten und dafür einen Arzt suchen mußte. Nun aber, aus Ungeduld, am Schlafen mich gehindert zu fühlen, griff ich bald zu meinem stoischen Mittel, meinen Gedanken mit Anstrengung auf irgend ein von mir gewähltes gleichgültiges Objekt, was es auch sei (z. B. auf den viel Nebenvorstellungen enthaltenden Namen Cicero), zu heften: mithin die Aufmerksamkeit von jener Empfindung abzulenken; dadurch diese dann, und zwar schleunig, stumpf wurden, und so die Schläfrigkeit sie überwog, und dieses kann ich jederzeit, bei wiederkommenden Anfällen dieser Art in den kleinen Unterbrechungen des Nachtschlafs, mit gleich gutem Erfolg wiederholen. Daß aber dieses nicht etwa bloß eingebildete Schmerzen waren, davon konnte mich die des andern Morgens früh sich zeigende glühende Röte der Zehen des linken Fußes überzeugen. – Ich bin gewiß, daß viele gichtische Zufälle, wenn nur die Diät des Genusses nicht gar zu sehr dawider ist, ja Krämpfe und selbst epileptische Zufälle (nur nicht bei Weibern und Kindern, als die dergleichen Kraft des Vorsatzes nicht haben), auch wohl das für unheilbar verschriene Podagra, bei jeder neuen Anwandlung desselben durch diese Festigkeit des Vorsatzes (seine Aufmerksamkeit von einem solchen Leiden abzuwenden) abgehalten und nach und nach gehoben werden könnte(10).

Vom Essen und Trinken.

Im gesunden Zustande und der Jugend ist es das Geratenste in Ansehung des Genusses, der Zeit und Menge nach, bloß den Appetit (Hunger und Durst) zu befragen; aber bei den mit dem Alter sich einfindenden Schwächen ist eine gewisse Angewohnheit einer geprüften und heilsam gefundenen Lebensart, nämlich wie man es einen Tag gehalten hat, es ebenso alle Tage zu halten, ein diätetischer Grundsatz, welcher dem langen Leben am günstigsten ist; doch unter der Bedingung, daß diese Abfütterung für den sich weigernden Appetit die gehörigen Ausnahmen mache. – Dieser nämlich weigert im Alter die Quantität des Flüssigen (Suppen oder viel Wasser zu trinken) vornehmlich dem männlichen Geschlecht: verlangt dagegen derbere Kost und anreizenderes Getränke (z. B. Wein), sowohl um die wurmförmige Bewegung der Gedärme – die unter allen Eingeweiden am meisten von der *vita propria* zu haben scheinen, weil sie, wenn sie noch warm aus dem Tier gerissen und zerhauen werden, als Würmer kriechen, deren Arbeit man nicht bloß fühlen, sondern sogar hören kann – zu befördern und zugleich solche Teile in den Blutumlauf zu bringen, die durch ihren Reiz das Geäder zur Blutbewegung im Umlauf zu erhalten beförderlich sind.

Das Wasser braucht aber bei alten Leuten längere Zeit, um, ins Blut aufgenommen, den langen Gang seiner Absonderung von der Blutmasse durch die Nieren zur Harnblase zu machen, wenn es nicht dem Blute assimilierte Teile (dergleichen der Wein ist) und die einen Reiz der Blutgefäße zum Fortschaffen bei sich führen, in sich enthält; welcher letztere aber alsdann als Medizin gebraucht wird, dessen künstlicher Gebrauch ebendadurch eigentlich nicht zur Diätetik gehört. Der Anwandelung des

Appetits zum Wassertrinken (dem Durst), welche großenteils nur Angewohnheit ist, nicht sofort nachzugeben und ein hierüber genommener fester Vorsatz bringt diesen Reiz in das Maß des natürlichen Bedürfnisses, des den festen Speisen beizugebenden Flüssigen, dessen Genuß in Menge im Alter selbst durch den Naturinstinkt geweigert wird. Man schläft auch nicht gut, wenigstens nicht tief bei dieser Wasserschwelgerei, weil die Blutwärme dadurch vermindert wird.

Es ist oft gefragt worden: ob, gleich wie in 24 Stunden nur Ein Schlaf, so auch in ebensoviel Stunden nur Eine Mahlzeit nach diätetischer Regel verwilligt werden könne, oder ob es nicht besser (gesunder) sei, dem Appetit am Mittagstische etwas abzubrechen, um dafür auch zu Nacht essen zu können. Zeitkürzender ist freilich das letztere. – Das erstere halte ich auch in den sogenannten besten Lebensjahren (dem Mittelalter) für zuträglicher; das letztere aber im späteren Alter. Denn, da das Stadium für die Operation der Gedärme zum Behuf der Verdauung im Alter ohne Zweifel langsamer abläuft, als in jüngeren Jahren, so kann man glauben, daß ein neues Pensum (in einer Abendmahlzeit) der Natur aufzugeben, indessen daß das erstere Stadium der Verdauung noch nicht abgelaufen ist, der Gesundheit nachteilig werden müsse. – Auf solche Weise kann man den Anreiz zum Abendessen, nach einer hinreichenden Sättigung des Mittags, für ein krankhaftes Gefühl halten, dessen man durch einen festen Vorsatz so Meister werden kann, daß auch die Anwandelung desselben nachgerade nicht mehr verspürt wird.

Von dem krankhaften Gefühl aus der Unzeit im Denken.

Einem Gelehrten ist das Denken ein Nahrungsmittel, ohne welches, wenn er wach und allein ist, er nicht leben kann; jenes mag nun im Lernen (Bücherlesen) oder im Ausdenken (Nachsinnen und Erfinden) bestehen. Aber beim Essen oder Gehen sich zugleich angestrengt mit einem bestimmten Gedanken beschäftigen, Kopf und Magen oder Kopf und Füße mit zwei Arbeiten zugleich belästigen, davon bringt das eine Hypochondrie, das andere Schwindel hervor. Um also dieses krankhaften Zustandes durch Diätetik Meister zu sein, wird nichts weiter erfordert, als die mechanische Beschäftigung des Magens, oder der Füße, mit der geistigen des Denkens wechseln zu lassen und während dieser (der Restauration gewidmeten) Zeit das absichtliche Denken zu hemmen und dem (dem mechanischen ähnlichen) freien Spiele der Einbildungskraft den Lauf zu lassen; wozu aber bei einem Studierenden ein allgemein gefaßter und fester Vorsatz der Diät im Denken erfordert wird.

Es finden sich krankhafte Gefühle ein, wenn man in einer Mahlzeit ohne Gesellschaft sich zugleich mit Bücherlesen oder Nachdenken beschäftigt, weil die Lebenskraft durch Kopfarbeit von dem Magen, den man belästigt, abgeleitet wird. Ebenso, wenn dieses Nachdenken mit der krafterschöpfenden Arbeit der Füße (im Promenieren(11)) verbunden wird. Man kann das Lukubrieren noch hinzufügen, wenn es ungewöhnlich ist. Indessen sind die krankhaften Gefühle aus diesen unzeitig (*invita Minerva*) vorgenommenen Geistesarbeiten doch nicht von der Art, daß sie sich unmittelbar durch den bloßen Vorsatz augenblicklich, sondern allein durch Entwöhnung, vermöge eines entgegengesetzten Prinzips, nach und nach heben lassen, und von den ersteren soll hier nur geredet werden.

Von der Hebung und Verhütung krankhafter Zufälle durch den Vorsatz im Atemziehen.

Ich war vor wenigen Jahren noch dann und wann vom Schnupfen und Husten heimgesucht, welche beide Zufälle mir desto ungelegener waren, als sie sich bisweilen beim Schlafengehen zutrugen. Gleichsam entrüstet über diese Störung des Nachtschlafs entschloß ich mich, was den ersteren Zufall betrifft, mit fest geschlossenen Lippen durchaus die Luft durch die Nase zu ziehen: welches mir anfangs nur mit einem schwachen Pfeifen, und da ich nicht absetzte, oder nachließ, immer mit stärkeren, zuletzt mit vollen und freien Luftzuge gelang, es durch die Nase zu stande zu bringen, darüber ich dann sofort einschlief. – Was dieses gleichsam konvulsivische und mit dazwischen vorfallenden Einatmen (nicht wie beim Lachen ein kontinuiertes, stoßweise erschallendes) Ausatmen, den Husten betrifft, vornehmlich den, welchen der gemeine Mann in England den Altmannshusten (im Bette liegend) nennt, so war er mir um so mehr ungelegen, da er sich bisweilen bald nach der Erwärmung im Bette einstellte und das Einschlafen verzögerte. Dieses Husten, welches durch den Reiz der mit offenen Munde eingeatmeten Luft auf den Luftröhrenkopf erregt wird(12), nun zu hemmen, bedurfte es einer nicht mechanischen (pharmazeutischen), sondern nur unmittelbaren Gemütsoperation, nämlich die Aufmerksamkeit auf diesen Reiz dadurch ganz abzulenken, daß sie mit Anstrengung auf irgend ein Objekt (wie oben bei krampfhaften Zufällen) gerichtet und dadurch das Ausstoßen der Luft gehemmet wurde, welches mir, wie ich es deutlich fühlete, das Blut ins Gesicht trieb, wobei aber der durch denselben Reiz erregte flüssige Speichel (*saliva*) die Wirkung dieses Reizes, nämlich die Ausstoßung der Luft, verhinderte und ein Herunterschlucken dieser Feuchtigkeit bewirkte. – – Eine Gemütsoperation, zu der ein recht großer Grad des festen Vorsatzes erforderlich, der aber darum auch desto wohlthätiger ist.

Von den Folgen dieser Angewohnheit des Atemziehens mit geschlossenen Lippen.

Die unmittelbare Folge davon ist, daß sie auch im Schlafe fortwährt, und ich sogleich aus dem Schlafe aufgeschreckt werde, wenn ich zufälligerweise die Lippen öffne und ein Atemzug durch den Mund geschieht: woraus man sieht, daß der Schlaf und mit ihm der Traum, nicht eine so gänzliche

Abwesenheit von dem Zustande des Wachenden ist, daß sich nicht auch eine Aufmerksamkeit auf seine Lage in jenem Zustande mit einmische: wie man denn dieses auch daraus abnehmen kann, daß die, welche sich des Abends vorher vorgenommen haben, früher als gewöhnlich (etwa zu einer Spazierfahrt) aufzustehen, auch früher erwachen, indem sie vermutlich durch die Stadtuhren aufgeweckt werden, die sie also auch mitten im Schlaf haben hören und darauf acht geben müssen. – Die mittelbare Folge dieser löblichen Angewöhnung ist: daß das unwillkürliche abgenötigte Husten (nicht das Aufhusten eines Schleims als beabsichtigter Auswurf) in beiderlei Zustande verhütet und so durch die bloße Macht des Vorsatzes eine Krankheit verhütet wird. – – Ich habe sogar gefunden, daß, da mich nach ausgelöschtem Licht (und eben zu Bette gelegt) auf einmal ein starker Durst anwandelte, den mit Wassertrinken zu löschen ich im Finstern hätte in eine andere Stube gehen und durch Herumtappen das Wassergeschirr suchen müssen, ich darauf fiel, verschiedene und starke Atemzüge mit Erhebung der Brust zu thun und gleichsam Luft durch die Nase zu trinken, wodurch der Durst in wenig Sekunden völlig gelöscht war. Es war ein krankhafter Reiz, der durch einen Gegenreiz gehoben ward.

Denkgeschäft – Alter.

Krankhafte Zufälle, in Ansehung deren das Gemüt das Vermögen besitzt, des Gefühls derselben durch den bloßen standhaften Willen des Menschen, als einer Obermacht des vernünftigen Tieres, Meister werden zu können, sind alle von der spastischen (krampfhaften) Art: man kann aber nicht umgekehrt sagen, daß alle von dieser Art durch den bloßen festen Vorsatz gehemmet oder gehoben werden können. – Denn einige derselben sind von der Beschaffenheit, daß die Versuche sie der Kraft des Vorsatzes zu unterwerfen, das krampfhafte Leiden vielmehr noch verstärken: wie es der Fall mit mir selber ist, da diejenige Krankheit, welche vor etwa einem Jahr in der Kopenhagener Zeitung als »epidemischer, mit Kopfbedrückung verbundener Katarrh« beschrieben wurde(13) (bei mir aber wohl ein Jahr älter aber doch von ähnlicher Empfindung ist) mich für eigene Kopfarbeiten gleichsam desorganisiert, wenigstens geschwächt und stumpf gemacht hat, und, da sich diese Bedrückung auf die natürliche Schwäche des Alters geworfen hat, wohl nicht anders als mit dem Leben zugleich aufhören wird.

Die krankhafte Beschaffenheit des Patienten, die das Denken, insofern es ein Festhalten eines Begriffs – der Einheit des Bewußtseins verbundener Vorstellungen – ist, begleitet und erschwert, bringt das Gefühl eines spastischen Zustandes des Organs des Denkens (des Gehirns) als eines Drucks hervor, der zwar das Denken und Nachdenken selbst ingleichen das Gedächtnis in Ansehung des ehedem Gedachten eigentlich nicht schwächt, aber im Vortrage (dem mündlichen oder schriftlichen) das feste Zusammenhalten der Vorstellungen in ihrer Zeitfolge wider Zerstreuung sichern soll, und bewirkt selbst einen unwillkürlichen spastischen Zustand des Gehirns, als ein Unvermögen, bei dem Wechsel der aufeinander folgenden Vorstellungen die Einheit des Bewußtseins derselben zu erhalten. Daher begegnet es mir, daß, wenn ich, wie es in jeder Rede jederzeit geschieht, zuerst zu dem, was ich sagen will, den Hörer oder Leser vorbereite, ihm den Gegenstand, wohin ich gehen will, in der Aussicht, dann ihn auch auf das, wovon ich ausgegangen bin, zurückgewiesen habe – ohne welche zwei Hinweisungen kein Zusammenhang der Rede stattfindet – und ich nun das letztere mit dem ersteren verknüpfen soll, ich auf einmal meinen Zuhörer, oder stillschweigend mich selbst, fragen muß: Wo war ich doch? Wovon ging ich aus? Welcher Fehler nicht sowohl ein Fehler des Geistes, noch des Gedächtnisses allein, sondern der Geistesgegenwart (im Verknüpfen), d. i. unwillkürliche Zerstreuung, und ein sehr peinigender Fehler ist, dem man zwar in Schriften – zumal den philosophischen, weil man da nicht immer so leicht zurücksehen kann, von wo man ausging – mühsam vorbeugen, aber mit aller Mühe nie völlig vergüten kann.

Mit dem Mathematiker, der seine Begriffe, oder die Stellvertreter derselben (Größen- und Zahlenzeichen), in der Anschauung vor sich hinstellen und, daß, soweit er gegangen ist, alles richtig sei, versichert sein kann, ist es anders bewandt als mit dem Arbeiter im Fache der, vornehmlich reinen, Philosophie (Logik und Metaphysik), der seinen Gegenstand in der Luft vor sich schwebend erhalten muß, und ihn nicht bloß teilweise, sondern jederzeit zugleich in einem Ganzen des Systems (d. r. V.), sich darstellen und prüfen muß. Daher es eben nicht zu verwundern ist, wenn ein Metaphysiker eher invalid wird als der Studierende in einem anderen Fache, ingleichen als Geschäftsphilosophen; indessen daß es doch einige derer geben muß, die sich jenem ganz widmen, weil ohne Metaphysik überhaupt es gar keine Philosophie geben könnte.

Hieraus ist auch zu erklären, wie jemand für sein Alter gesund zu sein sich rühmen kann, ob er zwar in Ansehung gewisser ihm obliegenden Geschäfte sich in die Krankenliste müßte einschreiben lassen. Denn, weil das Unvermögen zugleich den Gebrauch und mit diesem auch den Verbrauch und die Erschöpfung der Lebenskraft abhält, und er gleichsam nur in einer niedrigeren Stufe (als vegetierendes Wesen) zu leben gesteht, nämlich essen, sehen und schlafen zu können, was für seine animalische Existenz gesund, für die bürgerliche (zu öffentlichen Geschäften verpflichtete) Existenz aber krank, d. i. invalid, heißt: so widerspricht sich dieser Kandidat des Todes hiemit gar nicht.

Dahin führt die Kunst das menschliche Leben zu verlängern: daß man endlich unter den Lebenden nur so geduldet wird, welches eben nicht die ergötzlichste Lage ist(14).

Hieran aber habe ich selber schuld. Denn warum will ich auch der hinanstrebenden jüngeren Welt nicht Platz machen und um zu leben mir den gewöhnten Genuß des Lebens schmälern: warum ein schwächliches Leben durch Entsagungen in ungewöhnliche Länge ziehen, die Sterbelisten, in denen doch auf den Zuschnitt der von Natur schwächeren und ihre mutmaßliche Lebensdauer mit gerechnet ist, durch mein Beispiel in Verwirrung bringen, und das alles, was man sonst Schicksal nannte (dem man sich demütig und andächtig unterwarf), dem eigenen festen Vorsatze unterwerfen; welcher doch schwerlich zur allgemeinen diätetischen Regel, nach welcher die Vernunft unmittelbar Heilkraft ausübt, aufgenommen werden und die therapeutische Formeln der Offizin jemals verdrängen wird?

Nachschrift.

Vorsorge für die Augen von seiten der Buchdrucker und Verleger.

Den Verfasser der Kunst das menschliche (auch besonders das litterarische) Leben zu verlängern, darf ich also dazu wohl auffordern, daß er wohlwollend auch darauf bedacht sei, die Augen der Leser – vornehmlich der jetzt großen Zahl der Leserinnen, die den Übelstand der Brille noch härter fühlen dürften – in Schutz zu nehmen: auf welche jetzt aus elender Ziererei der Buchdrucker (denn Buchstaben haben doch als Malerei schlechterdings nichts Schönes an sich), von allen Seiten Jagd gemacht wird; damit nicht so, wie in Marokko, durch weiße Übertünchung aller Häuser ein großer Teil der Einwohner der Stadt blind ist, dieses Übel aus ähnlicher Ursache auch bei uns einreiße, vielmehr die Buchdrucker desfalls unter Polizeigesetze gebracht werden. – Die jetzige Mode will es dagegen anders, nämlich:

1) Nicht mit schwarzer, sondern grauer Tinte (weil es sanfter und lieblicher auf schönem weißen Papier absteche), zu drucken.

2) Mit Didotschen Lettern, von schmalen Füßen, nicht mit Breitkopfschen, die ihrem Namen Buchstaben (gleichsam bücherner Stäbe zum Feststehen) besser entsprechen würden.

3) Mit lateinischer (wohl gar Kursiv) Schrift ein Werk deutschen Inhalts, von welcher Breitkopf mit Grunde sagte, daß niemand das Lesen derselben für seine Augen so lange aushalte, als mit der deutschen.

4) Mit so kleiner Schrift als nur möglich, damit für die unten etwa beizufügenden Noten noch kleinere (dem Auge noch knapper angemessene) leserlich bleibe(15).

Diesem Unwesen zu steuern, schlage ich vor, den Druck der Berliner Monatsschrift (nach Text und Noten) zum Muster zu nehmen; denn man mag, welches Stück man will, in die Hand nehmen, so wird man die durch obige Leserei angegriffenen Augen durch Ansicht des letzteren merklich gestärkt fühlen(16).

(1) Ich übersendete mein Buch Hrn. Prof. Kant, um ihm einen Beweis der Verehrung zu geben, die gewiß jeder denkende Mensch diesem Weisen zollt, zugleich aber um ihn vielleicht zu veranlassen, über einige darin enthaltene und für das philosophische Tribunal gehörige Ideen nachzudenken, wodurch ich unsrer Kunst zugleich einen Vorteil zu verschaffen hoffte. Ich freue mich ungemein, meinen Wunsch erfüllt zu sehen und hier meinen Lesern mehrere dadurch veranlaßte Ideen und Entwicklungen mitteilen zu können, die für jeden denkenden Arzt höchst interessant sein müssen, und die zugleich über die individuelle geistige und körperliche Diätetik dieses großen Mannes sehr lehrreiche Notizen erteilen. – Was einige für mich zu schmeichelhafte Ausdrücke darin betrifft, so bitte ich zu bedenken, daß sie in einem an mich geschriebenen Briefe vorkommen, und ich hoffe dadurch jedem Vorwurf zu entgehen, der mir darüber gemacht werden könnte, daß ich sie stehen ließ, welches ich um so weniger verhindern konnte, da sonst der ganze Sinn hie und da verloren gegangen wäre, auch ich überdies offenherzig gestehe, daß ich nicht ein Wort auszustreichen wage, was ein Kant geschrieben hat.

H.

(2) Im dogmatisch-praktischen Vortrage, z. B. derjenigen Beobachtung seiner selbst, die auf Pflichten abzweckt, die jedermann angehen, spricht der Kanzelredner nicht durch Ich, sondern Wir. In dem erzählenden aber, der Privatempfindung (der Beichte, welche der Patient seinem Arzte ablegt), oder eigener Erfahrung an sich selbst, muß er durch Ich reden.

(3) Den Kopf warm zu halten, ist gewiß immer nachteilig, und die medizinische Regel ist eigentlich: »den Kopf kühl und die Füße warm zu halten«. Es bedarf daher diese Äußerung des würdigen Verfassers einige Berichtigung. Es ist allerdings vollkommen wahr, daß, wenn wir unsere Füße von Jugend auf ebenso bloß trügen, wie unsere Hände, Gesicht, und die Weiber auch den Hals und die Brust, wir sie ebensogut gegen Kälte und Witterung würden abhärten können, wie diese, und Millionen von Menschen, welche barfuß laufen, beweisen dieses. Da aber unser Klima und unsere Lebensverhältnisse uns nicht erlauben, das Bloßtragen immer fortzusetzen, sondern die Füße bekleidet zu tragen gebieten, so entsteht dadurch schon die Möglichkeit einer Erkältung, durch Weglassung der gewohnten Bedeckung. Und da es nun überdies gar nicht zu leugnen ist, daß die Füße, besonders der Unterfuß, in einer ganz besondern antagonistischen Verbindung mit den oberen Teilen stehen, so daß durch Erkältung, das heißt, Unterdrückung der Hautthätigkeit, sehr leicht ein Krankheitsreiz auf Kopf, Brust und Unterleibseingeweide reflektiert werden kann, so folgt allerdings daraus die Notwendigkeit, dieselben nicht sowohl warm, sondern in einer gleichmäßigen Temperatur zu halten.

H.

(4) Hierwider möchte ich doch die Beobachtung anführen: daß unverehelichte (oder jung verwitwete) alte Männer mehrenteils länger ein jugendliches Aussehen erhalten, als verehelichte, welches doch auf eine längere Lebensdauer zu deuten schein. – Sollten wohl die letztern an ihren härteren Gesichtszügen den Zustand eines getragenen Jochs (davon *conjugium*), nämlich das frühere Altwerden verraten, welches auf ein kürzeres Lebensziel hindeutet?

(5) Ich habe mich bei Aufstellung dieses Grundsatzes in meiner Makrobiotik bloß durch die Erfahrung leiten lassen. Es stießen mir bei meinen Nachforschungen über das höchste Alter so viele Verheiratete auf, daß ich dadurch zuerst aufmerksam gemacht wurde. Ich fand nämlich bei allen Alten einen sehr beträchtlichen Überschuß auf seiten der Verheirateten: von den außerordentlich hohen Alten (d. h. 120–160jährigen) fand ich durchaus gar keinen unverheiratet; ja sie hatten alle mehrmals und größtenteils noch in den letzten Zeiten ihres Lebens geheiratet. Dies allein bewog mich zu den Vermutungen von Einfluß der Zeugungskraft und des Ehestands aufs lange Leben, für die ich dann erst die theoretischen Gründe aufsuchte.

H.

(6) Zum Unterschiede von der topischen (*hypochondria abdominalis*).

H.

(7) Selbst bei wirklichen Krankheiten müssen wir wohl unterscheiden, die Krankheit und das Gefühl der Krankheit. – Das letztere übertrifft mehrenteils die erste bei weitem; ja man kann behaupten, man würde die eigentliche Krankheit, die oft nur in einer örtlich gestörten Verrichtung eines oft unbedeutenden Teiles besteht, gar nicht bemerken, wenn nicht die dadurch erregte allgemeine Unlust und Unbehaglichkeit, oder unangenehmen Gefühle und Schmerzen, unsern Zustand höchst peinlich machten. Die Gefühle aber, diese Einwirkung der Krankheit auf das Ganze, stehen großenteils in unserer Gewalt. Eine schwache, verweichlichte Seele, eine dadurch erhöhte Empfindlichkeit, wird dadurch völlig übermannt, ein starker, abgehärteter Geist weiset sie zurück und unterdrückt sie. – Jedermann gibt zu, daß es möglich ist, durch ein unerwartetes Ereignis, durch eine angenehme Zerstreuung, genug durch etwas, was die Seele stark von sich abzieht, sein körperliches Leiden zu vergessen. – Warum sollte dies nun nicht der eigne feste Wille, die eigne Seelenkraft selbst bewirken können? –

Das größte Mittel gegen Hypochondrie und alle eingebildete Übel, ist in der Thatdas Objektivieren seiner selbst, so wie die Hauptursache der Hypochondrie und ihr eigentliches Wesen nichts anders ist, als das

Subjektivieren aller Dinge, das heißt, daß das physische Ich die Herrschaft über alles erhalten hat, der alleinige Gedanke, die fixe Idee wird, und alles andere unter diese Kategorie bringt. – Ich habe daher immer gefunden, daß, je praktisch-thätiger das Leben eines Menschen ist, das heißt, je mehr es ihn immer nach außen zieht, desto sicherer ist er für Hypochondrie. Den besten Beweis geben uns die praktischen Ärzte. Sie sind unaufhörlich mit Krankheiten beschäftigt, und Krankheit, Übelbefinden wird zuletzt der herrschende Gegenstand ihres Denkens. Hier sollte also sehr leicht dasselbe auch der herrschende Gegenstand ihres Ichs werden, und es müßten folglich alle Ärzte endlich hypochondrisch werden. – Und dennoch sehen wir, daß gerade praktische Ärzte fast nie an Hypochondrie leiden. – Warum? Weil sie sich von Anfang an gewöhnen, alle Übel zu objektivieren, wodurch sie am Ende dahin gelangen, sich selbst und ihre eignen Übel zu objektivieren, sie von ihrem wahren Ich zu trennen und zum Gegenstand der Außenwelt und der Kunst zu machen. – Denn das wahre Ich wird nie krank.

H.

(8) Die naturgemäßeste Einteilung des Tages bleibt gewiß diese: Acht Stunden der Arbeit, acht Stunden der Ruhe und acht Stunden der Nahrung, körperlichen Bewegung, Gesellschaft und Aufheiterung.

H.

(9) Es ist ein ganz unrichtiges Vorgeben, daß, was die Stärke im Gebrauch seiner äußern Gliedmaßen betrifft, es bloß auf die Übung und wie man früh gewöhnt worden, ankomme, welche von beiden Seiten des Körpers die stärkere oder schwächere sein solle; ob im Gefechte mit dem rechten oder linken Arm der Säbel geführt, ob sich der Reiter im Steigbügel stehend von der rechten zur linken oder umgekehrt aufs Pferd schwinge &c. Die Erfahrung lehrt aber, daß, wer sich am linken Fuße Maß für seine Schuhe nehmen läßt, wenn der Schuh dem linken genau anpaßt, er für den rechten zu enge sei, ohne daß man die Schuld davon den Eltern geben kann, die ihre Kinder nicht besser belehrt hätten; so wie der Vorzug der rechten Seite vor der linken auch daran zu sehen ist, daß der, welcher über einen tiefen Graben schreiten will, den linken Fuß ansetzt und mit dem rechten überschreitet: widrigen Falls er in den Graben zu fallen Gefahr läuft. Daß der preußische Infanterist geübt wird mit dem linken Fuße anzutreten, widerlegt jenen Satz nicht, sondern bestätigt ihn vielmehr; denn er setzt diesen voran, gleich als auf ein Hypomochlium, um mit der rechten Seite den Schwung des Angriffs zu machen, welchen er mit der rechten gegen die linke verrichtet.

(10) Unglaublich ist es, was der Mensch vermag, auch im Physischen, durch die Kraft des festen Willens; und so auch durch die Not, die oft allein einen solchen festen Willen hervorzubringen vermag. Woher kömmt es, daß die arbeitende, durch Not oder Pflicht zur Arbeit getriebene, Klasse viel

weniger kränkelt, als die müßiggehende? Hauptsächlich daher, daß jene keine Zeit hat krank zu sein und also eine Menge Anwandelungen von Krankheiten übergeht, das heißt, in der Arbeit sie vergißt und dadurch wirklich überwindet und aufhebt, statt daß der Müßige, den Gefühlen nachgebend und sie pflegend, dadurch oft den Keim erst zu Krankheiten ausbildet.

Wie oft habe ich diese Erfahrung in meinem Berufsleben an mir selbst gemacht, und welcher Pflicht- und Berufsmensch hat sie nicht gemacht! – Wie oft glaubte ich früh nicht im stande zu sein, wegen körperlicher Beschwerden das Zimmer zu verlassen – die Pflicht rief zum Krankenbett oder aufs Katheder, und so sauer es anfangs wurde, nach einiger Zeit der Anstrengung war das Übel vergessen, der Geist siegte über den Leib, und die Gesundheit war wiederhergestellt.

Ja am auffallendsten zeigte sich die Kraft des Geistigen bei ansteckenden und epidemischen Krankheiten. Es ist eine ausgemachte Erfahrungssache, daß die, welche guten Mut haben, sich nicht fürchten und ekeln, am wenigsten angesteckt werden. Aber daß eine schon wirklich geschehene Ansteckung noch durch freudige Exaltation des Geistes wieder aufgehoben werden könne, davon bin ich selbst ein Beispiel. – Ich hatte in dem Kriegsjahre 1807, wo in Preußen ein pestartiges Faulfieber herrschte, viele solche Kranke zu behandeln und fühlte eines Morgens bei dem Erwachen alle Zeichen der Ansteckung, Schwindel, Kopfbetäubung, Zerschlagenheit der Glieder, genug alle Vorboten, die bekanntlich mehrere Tage dauern können, ehe die Krankheit wirklich ausbricht. – Aber die Pflicht gebot; andere waren kränker als ich. Ich beschloß, meine Geschäfte wie gewöhnlich zu verrichten und mittags einem frohen Mahle beizuwohnen, wozu ich eingeladen war. Hier überließ ich mich einige Stunden ganz der Freude und dem lauten Frohsinn, der mich umgab, trank absichtlich mehr Wein wie gewöhnlich, ging mit einem künstlich erregten Fieber nach Hause, legte mich zu Bett, schwitzte die Nacht hindurch reichlich und war am andern Morgen völlig hergestellt.

H.

(11) Studierende können es schwerlich unterlassen, in einsamen Spaziergängen sich mit Nachdenken selbst und allein zu unterhalten. Ich habe es aber an mir gefunden und auch von andern, die ich darum befrug, gehört: daß das angestrengte Denken im Gehen geschwinde matt macht; dagegen, wenn man sich dem freien Spiel der Einbildungskraft überläßt, die Motion restaurierend ist. Noch mehr geschieht dieses, wenn bei dieser mit Nachdenken verbundenen Bewegung zugleich Unterredung mit einem andern gehalten wird, so, daß man sich bald genötigt sieht das Spiel seiner Gedanken sitzend fortzusetzen. – Das Spazieren im Freien hat gerade die

Absicht durch den Wechsel der Gegenstände seine Aufmerksamkeit auf jeden einzelnen abzuspannen.

(12) Sollte auch nicht die atmosphärische Luft, wenn sie durch die Eustachische Röhre (also bei geschlossenen Lippen) zirkuliert, dadurch, daß sie auf diesem dem Gehirn naheliegenden Umwege Sauerstoff absetzt, das erquickende Gefühl gestärkter Lebensorgane bewirken, welches dem ähnlich ist, als ob man Luft trinke; wobei diese, ob sie zwar keinen Geruch hat, doch die Geruchsnerven und die denselben naheliegende einsaugende Gefäße stärkt? Bei manchem Wetter findet sich dieses Erquickliche des Genusses der Luft nicht; bei andern ist es eine wahre Annehmlichkeit sie auf seiner Wanderung mit langen Zügen zu trinken: welches das Einatmen mit offenem Munde nicht bewährt. –– Das ist aber von der größten diätetischen Wichtigkeit, den Atemzug durch die Nase bei geschlossenen Lippen sich so zur Gewohnheit zu machen, daß er selbst im tiefsten Schlaf nicht anders verrichtet wird und man sogleich aufwacht, sobald er mit offenem Munde geschieht, und dadurch gleichsam aufgeschreckt wird; wie ich das anfänglich, ehe es mir zur Gewohnheit wurde auf solche Weise zu atmen, bisweilen erfuhr. – Wenn man genötigt ist stark oder bergan zu schreiten, so gehört größere Stärke des Vorsatzes dazu, von jener Regel nicht abzuweichen und eher seine Schritte zu mäßigen, als von ihr eine Ausnahme zu machen; ingleichen, wenn es um starke Motion zu thun ist, die etwa ein Erzieher seinen Zöglingen geben will, daß dieser sie ihre Bewegung lieber stumm als mit öfterer Einatmung durch den Mund machen lasse. Meine jungen Freunde (ehemalige Zuhörer) haben diese diätetische Maxime als probat und heilsam gepriesen und sie nicht unter die Kleinigkeiten gezählt, weil sie bloßes Hausmittel ist, das den Arzt entbehrlich macht. – Merkwürdig ist noch: daß, da es scheint, beim lange fortgesetzten Sprechen geschehe das Einatmen auch durch den so oft geöffneten Mund, mithin jene Regel werde da doch ohne Schaden überschritten, es sich wirklich nicht so verhält. Denn es geschieht doch auch durch die Nase. Denn wäre diese zu der Zeit verstopft, so würde man von dem Redner sagen, er spreche durch die Nase (ein sehr widriger Laut), indem er wirklich nicht durch die Nase spräche, und umgekehrt, er spreche nicht durch die Nase, indem er wirklich durch die Nase spricht: wie es Hr. Hofrat Lichtenberg launicht und richtig bemerkt – das ist auch der Grund, warum der, welcher lange und laut spricht (Vorleser oder Prediger), es ohne Rauhigkeit der Kehle eine Stunde lang wohl aushalten kann; weil nämlich sein Atemziehen eigentlich durch die Nase, nicht durch den Mund, geschieht, als durch welchen nur das Ausatmen verrichtet wird. – Ein Nebenvorteil dieser Angewohnheit des Atemzuges mit beständig geschlossenen Lippen, wenn man für sich allein wenigstens nicht im Diskurs begriffen ist, ist der: daß die sich immer absondernde und den Schlund befeuchtende Saliva hiebei zugleich als Verdauungsmittel (*stomachale*),

vielleicht auch (verschluckt) als Abführungsmittel wirkt; wenn man fest genug entschlossen ist sie nicht durch üble Angewohnheit zu verschwenden.

H.

(13) Ich halte sie für eine Gicht, die sich zum Teil aufs Gehirn geworfen hat.

(14) Dies Resultat, so wenig tröstlich es ist, ist vollkommen richtig, sobald wir an das, was der Mensch im vollkommenen Sinn ist und sein soll, denken. Aber selbst das Beispiel des würdigen Herrn Verfassers gibt ja einen sprechenden Beweis, was der Mensch auch im Alter noch für andere sein kann, wenn die Vernunft immer, wie hier, seine oberste Gesetzgeberin war. – Und gesetzt auch, es fehlte ganz an dieser objektiven und bürgerlichen Existenz, sind uns nicht auch die Ruinen eines schönen und großen Gebäudes heilig und schätzbar? dienen sie uns nicht als Denkzeichen des Vergangenen, als Winke der Zukunft, als Lehre und Beispiel?

H.

(15) Ich stimme in diese Klage des verehrten Verfassers (mit Ausnahme des grauen Papiers, woran es unsere Herren Verleger so schon nicht fehlen lassen) ganz mit ein, und bin überzeugt, daß der größte Teil der jetzt so auffallend läufiger werdenden Augenschwächen schon an und für sich in dem weit häufigern Lesen – besonders dem geschwind Lesen, was jetzt wegen der weit häufigern Zeitungen, Journale, und Flugschriften weit gewöhnlicher ist und die Augen unglaublich angreift – zu suchen sei und dadurch auch unbeschreiblich vermehrt wird, daß man beim Druck die Rücksicht auf die Augen immer mehr vernachlässigt, da sie vielmehr, weil nun einmal das Lesen zum allgemeinen Bedürfnis geworden ist, vermehrt werden sollte.

Auch ich glaube, daß dabei die den Augen nachteiligsten Fehler dadurch begangen werden, wenn man auf nicht weißes Papier, mit grauer Schwärze, mit zu kleinen, oder mit zu zarten, zu wenig Körper habenden, Lettern druckt; und ich mache es daher jedem Autor, Verleger und Drucker zur heiligen Pflicht, das Augenwohl ihrer Leser künftig besser zu bedenken. Besonders ist die blasse Farbe der Buchstaben äußerst nachteilig, und es ist unverzeihlich, daß es Drucker so häufig aus elender Gewinnsucht oder Bequemlichkeit darinnen fehlen lassen.

Je größer der Abstand der Buchstabenfarbe von der Farbe des Papiers ist, desto leichter faßt das Auge das Bild, und desto weniger greift dieses Auffassen, das Lesen, die Augen an. – Also recht weißes Papier und recht schwarze Buchstaben sind es, worum ich die deutschen Herrn Buchhändler und Buchdrucker im Namen des lesenden Publikums recht angelegentlich bitte. – Mögen sie es zur Ehre der deutschen Nation thun, denn wie schön zeichnen sich darin die ausländischen Drucke gegen die meisten deutschen aus! Mögen sie es zu Bewahrung ihres Gewissens thun, denn sie versündigen sich in der That, indem sie unbewußt Ursache der überhandnehmenden Augenschwäche und Blindheit werden!

Was aber die lateinischen Lettern als Augenverderber betrifft, so bitte ich um Erlaubnis, darin andrer Meinung zu sein, und zwar aus folgenden Gründen:

1) Daß diese Lettern an und für sich den Augen nicht nachteiliger sind, als unsre deutschen, erhellt daraus, weil sonst in England, Frankreich und andern Ländern, wo man sich ihrer bedient, die Augenfehler häufiger sein müßten, als bei uns, welches aber nicht der Fall ist.

2) Wenn sie also einen Deutschen, der gewohnt ist deutsch zu lesen, etwas mehr anzugreifen scheinen, so liegt die Ursache bloß darin, weil er sie nicht gewohnt ist, und das Angreifende verliert sich, sobald er sich daran gewöhnt hat, und fällt ganz weg, wenn wir gleich von Jugend auf an diese Lettern gewöhnt werden.

3) Daß diese Lettern, wenn sie klein oder zu mager sind, die Augen angreifen, ist wahr, aber dasselbe gilt auch von den deutschen, und ich halte es daher für äußerst nötig, bei der lateinischen Schrift größere oder fettere Typen zu nehmen; welches auch der einzige Grund war, warum ich sie bei der Makrobiotik von dieser Beschaffenheit wählete, ohnerachtet man hie und da darin einen Grund zum Tadel gefunden hat, – ein Beweis, daß man gerade dann, wenn man fürs Publikum sorgt, oft am meisten verkannt werden kann.

Ich finde also keinen medizinischen Gegengrund, der mich von ihrem Gebrauch abhalten sollte; vieles aber, was mir ihren Gebrauch anriet und mich dahin gebracht hat, sie häufig zu wählen. Zuerst nämlich glaube ich, daß unsere Litteratur und Sprache dann ungleich mehr Eingang in andre Länder finden wird, wenn wir lateinisch drucken, denn viele Ausländer schreckt schon das Fremde und Unverständliche der Typen ab, und man wird sich gewiß schwerer zu Erlernung einer Sprache entschließen, wenn man selbst erst die Form der Lettern studieren muß. Ich glaube daher, es würde ungemein viel zur litterarischen Verbindung Europens und zur Beförderung der allgemeinen Gelehrtenrepublik beitragen, wenn wir uns endlich eben der Typen bedienten, die die aufgeklärtesten Nationen angenommen haben, und ich glaube, es muß am Ende dahin kommen. England, selbst Italien, bedienten sich ja noch bis zu Anfang dieses Jahrhunderts unserer Mönchsschrift und haben sie dennoch ganz verlassen, welches zugleich beweist, daß wir nicht einmal deutsche Originalität daran finden können. – Dazu kommt nun noch der Grund, daß bei scientifischen, besonders medizinischen, Büchern, wo viel lateinische *Termini technici* vorkommen, ein großer Übelstand fürs Auge entsteht, wenn die deutsche Schrift alle Augenblicke durch lateinische unterbrochen wird, oder dadurch ein noch schlimmeres Übel bewirkt wird, daß man diese *Termini technici* ins Deutsche übersetzt, wodurch sie nun vollends den Ausländern ganz, und selbst den Deutschen aus einer andern Provinz zum Teil, unverständlich werden, und sie wirklich den Vorzug verlieren, *Termini technici* zu sein.

Ich gebe zu, daß manche ungeübte Leser für jetzt lateinische Lettern ungern, ja wohl gar nicht lesen; dies gilt aber nicht von scientifischen Schriften. Man mag also bei Schriften für die niedern Klassen noch deutsche Lettern gebrauchen, bei allen gebildeten Ständen beiderlei Geschlechts ist das aber schon jetzt nicht mehr nötig.

H.

(16) Unter den krankhaften Zufällen der Augen (nicht eigentlichen Augenkrankheiten) habe ich die Erfahrung von einem, der mir zuerst in meinen vierziger Jahren einmal, späterhin, mit Zwischenräumen von einigen Jahren, dann und wann, jetzt aber in einem Jahre etlichemal begegnet ist, gemacht; wo das Phänomen darin besteht: daß auf dem Blatt, welches ich lese, auf einmal alle Buchstaben verwirrt und durch eine gewisse über dasselbe verbreitete Helligkeit vermischt und ganz unleserlich werden: ein Zustand, der nicht über 6 Minuten dauert, der einem Prediger, welcher seine Predigt vom Blatte zu lesen gewohnt ist, sehr gefährlich sein dürfte, von mir aber in meinem Auditorium der Logik oder Metaphysik, wo nach gehöriger Vorbereitung im freien Vortrage (aus dem Kopfe) geredet werden kann, nichts als die Besorgnis entsprang, es möchte dieser Zufall der Vorbote vom Erblinden sein; worüber ich gleichwohl jetzt beruhigt bin: da ich bei diesem jetzt öfterer als sonst sich ereignenden Zufalle an meinem einen gesunden Auge (denn das linke hat das Sehen seit etwa 5 Jahren verloren) nicht den mindesten Abgang an Klarheit verspüre. – Zufälligerweise kam ich darauf, wenn sich jenes Phänomen ereignete, meine Augen zu schließen, ja um noch besser das äußere Licht abzuhalten, meine Hand darüber zu legen, und dann sahe ich eine hellweiße wie mit Phosphor im Finstern auf einem Blatt verzeichnete Figur, ähnlich der, wie das letzte Viertel im Kalender vorgestellt wird, doch mit einem auf der konvexen Seite ausgezackten Rande, welche allmählich an Helligkeit verlor und in obbenannter Zeit verschwand. – Ich möchte wohl wissen: ob diese Beobachtung auch von andern gemacht und wie diese Erscheinung, die wohl eigentlich nicht in den Augen, – als bei deren Bewegung dies Bild nicht zugleich mit bewegt, sondern immer an derselben Stelle gesehn wird – sondern im *Sensorium commune* ihren Sitz haben dürfte, zu erklären sei(17). Zugleich ist es seltsam, daß man ein Auge (innerhalb einer Zeit, die ich etwa auf 3 Jahre schätze) einbüßen kann, ohne es zu vermissen.

(17) Dieser Fehler des Sehens kommt allerdings mehr vor, und gehört unter die allgemeine Rubrik: *Visus confusus s. perversus*, weil er noch eben keinen Mangel der Sehkraft, sondern nur eine Abalienation derselben beweist. Ich

selbst habe es zuweilen periodisch gehabt, und der vom Hrn. Hofr. Herz im Journal d. pr. Heilk. beschriebne falsche Schwindel hat viel Ähnliches. Mehrenteils ist eine vorübergehende Reizung die Ursache, z. B. Blutreiz, Gichtreiz, gastrische Reize, oder auch Schwäche.

H.

9 789356 704473

Printed at Repro India Ltd.